书香雅集

三星堆

姚青锋　李春青◎主编　书香雅集◎绘

吉林科学技术出版社

目录

三星堆

石破天惊

　　1929年的清明时节，在广袤的川西平原上，家家户户都在忙碌着耕耘。广汉县南兴镇（今三星堆镇）的几个村民在月亮湾车水灌田的时候，突然挖到了几块大石板。撬开石板，下面居然藏着一堆堆精美的玉器，有玉琮、玉圭、玉斧、玉钏、玉珠、玉料等三四百件。有些农民将其拿到古玩市场上售卖。消息不胫而走，一些寻宝者和考古学家蜂拥而来。

　　当地农民在月亮湾发现的一部分玉石器被英国传教士董笃宜买走并转交给华西协合大学博物馆馆长、美国学者葛维汉进行鉴定。葛维汉看到后非常震惊，1934年春，他和助手林名钧等人组成考古队来到三星堆进行考古发掘。

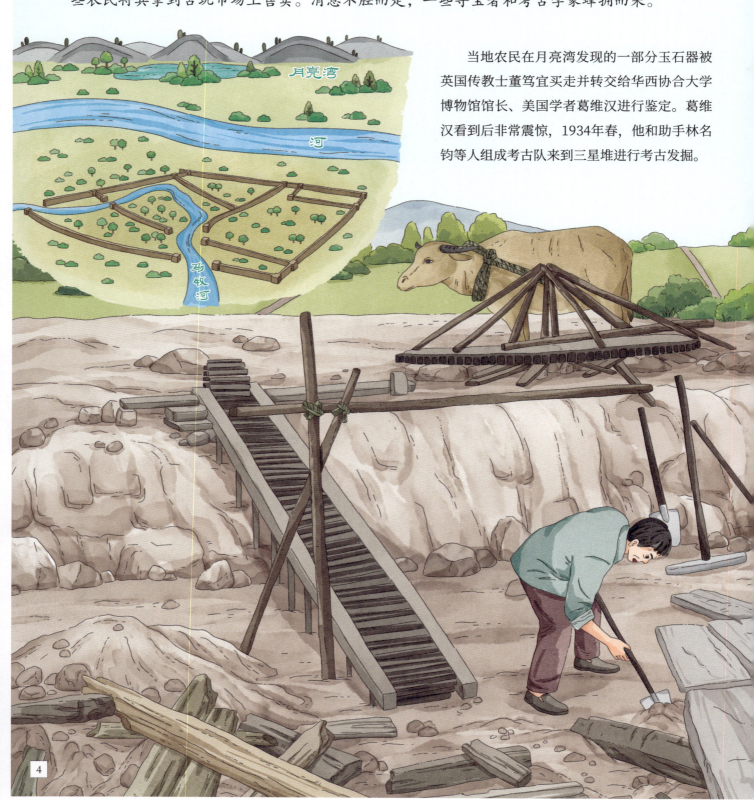

此后数十年，月亮湾附近的考古挖掘一直没有间断过。直到1986年夏天，两个大型祭祀坑相继被发现。大量光怪陆离、精美异常的青铜器和玉器得以重见天日，这就是闻名于世的三星堆遗址。

三星堆祭祀坑所在的位置，有三个相连的黄土堆，由于它们位于遗址的核心地带，三星堆主要的考古工作和最重要的考古发现都集中在这里，所以人们便以"三星堆"命名，三星堆与隔河相望的月亮湾被称作"三星伴月"，是当地一处著名的风景。

据考证，月亮湾对面的三个黄土堆，曾是高大的夯土城墙，经过数千年岁月的洗礼，仅剩三个土堆。

见此图标
微信扫码

古蜀秘境
三星堆篇

重现天日

　　三星堆遗址位于成都平原北部的龙泉山西麓，在鸭子河和马牧河两岸的脊背形台地上，总面积约12平方千米，距今5000~3000年，截至目前，是整个西南地区发现的范围最大、文化内涵极为丰富且延续时间最长的古代遗址。三星堆共发掘出各类青铜器、黄金制品、海贝、象牙、玉石器等珍贵文物17000多件。这些造型奇特、美妙绝伦的精美文物，一下子就为世人打开一扇了解古蜀国的大门，古蜀国扑朔迷离的历史也因此得以确认。

鸭子河

仁胜墓地

西城墙遗址

三星堆

一号、二号祭祀坑

南城墙遗址

其中，考古人员在一号坑发掘出土了青铜人头像、青铜面具、金杖、金面罩以及玉器等400余件；在二号坑发掘出土了青铜大立人像、青铜面具、青铜人头像、青铜神坛、青铜神树、青铜尊、青铜罍以及玉璋、玉璧、玉戈等1300余件。三星堆一号、二号坑的考古发现，在学术界立刻引起了轰动，可谓"沉睡数千年，一醒惊天下"。

三星堆遗址被称为20世纪人类最伟大的考古发现之一，昭示了长江流域与黄河流域一样，同属中华文明的母体，所以三星堆也被称为"长江文明之源"。

三星堆因考古挖掘工作地点的不同，曾被分别称为"真武宫遗址""横梁子遗址""月亮湾遗址""中心场遗址"等。因为同属一个遗址群落，所以后来就统一命名为三星堆遗址。

青铜文明

　　三星堆出土的青铜器有4000多件，如青铜神树、青铜大立人、青铜头像、尊、罍（léi）、太阳轮、大鸟头、铜神坛、动物雕像、海洋生物雕像、青铜兵器等。不仅体现了古蜀工匠高超的冶炼锻造水平，更显示了古蜀人民对自然、神灵和社会的观念和信仰，是三星堆及古蜀文化最具有代表性的名片。

　　青铜神树是三星堆博物馆的"镇馆之宝"，是中国迄今发现的最高的单件青铜器，在世界上也称得上体量最大的青铜文物。

三星堆遗址的历史年代，为公元前21世纪至公元前5世纪，对应中原的夏、商、周时代，三星堆遗址出土的青铜器，除了一些日常生活中使用的青铜容器具有中原殷商文化的风格之外，其余器物的种类和造型都与中原器物有着明显的区别，如青铜神树、青铜大立人、青铜纵目面具等带有极强烈的古蜀特色。

　　中国的青铜器冶铸技术在 4000 多年前就达到了非常高超的水平。商朝晚期至西周早期，是中国青铜器发展的鼎盛时期。三星堆出土的青铜器，也证明了早在4000年前，古巴蜀就和中原及域外地区有着频繁的交往，创造了同样灿烂的文化，古蜀国成为西南地区的文明中心。

　　青铜，是指红铜和其他化学元素的合金，其铜锈呈青绿色。三星堆的青铜器大多是由铅、锡、铜这三种元素构成。其中，大部分的含铅量比较高。这是因为含铅量高有助于浇铸时增加铜的流动性，使制作出的器物更加精致。

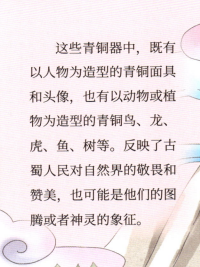

　　这些青铜器中，既有以人物为造型的青铜面具和头像，也有以动物或植物为造型的青铜鸟、龙、虎、鱼、树等。反映了古蜀人民对自然界的敬畏和赞美，也可能是他们的图腾或者神灵的象征。

古蜀都城

　　三星堆是古蜀国的都城所在地，这里地势平缓，水渠纵横，物产丰富，非常适合城市建设，曾经是古蜀国的政治、经济、文化中心，见证了古蜀国由盛及衰的历史。考古研究发现，古城区布局合理，结构严谨，划分了作坊区、祭祀区、居住区和墓葬区，还有三星堆、月亮湾等重要夯土建筑遗迹，呈现出高度繁荣、布局严整的古代都邑气象。

　　三星堆出土了多种动物形象的青铜器，其中有龙、鸡、羊、鸟、狐狸、蛇和老虎等。

都城面积约4平方千米，南宽北窄，大致呈方形布局，边长1800~2000米，由东、西、南三面夯土城墙墙体及城壕组成，北部以雁江为屏障，构成防御、防洪和交通体系。其都城规划不同于夏代及商代早期的条块状布局，是人与自然和谐统一的象征，在中国已发现的同期古城遗址中名列前茅。

三星堆的建筑多为干栏式木骨泥墙，即先在地上挖柱洞和墙基槽，立木柱，修建高出地面的房屋，然后以小木棒或竹棍作为墙骨，两侧抹草拌泥作为墙壁。

这种建筑的优点是材料易得，而且具有良好的防风、防潮性能。

城墙两边密集分布着长方形、正方形和圆形的房屋，有单间的，也有多间排列的。一般的房屋面积为20多平方米，最大的建筑面积有200平方米，估计是重要的公共活动场所。

城墙：三星堆的城墙上窄下宽，横截面呈梯形，可能具有防洪的作用。

根据三星堆考古发现推测，古蜀国人民的食物既有肉类，也有稻米、小米、豆类和水果蔬菜等。

古蜀国

古蜀国是先秦时期一个不同于中原夏商王朝的古国。三星堆的考古发现表明古蜀国拥有发达的青铜冶炼技术、成熟的黄金加工技术，同时推断古蜀国是一个神巫色彩浓厚的国家。

古蜀国一共经历了5个朝代，即蚕丛、柏灌、鱼凫、杜宇和开明。前面的两个王朝还称不上真正的国，还属于原始部落。直到鳖灵在位的开明王朝，古蜀国才真正成为一个国家，并具有一定的规模。

成都平原是以三星堆遗址、金沙遗址为代表的先秦遗址，加上宣汉附近的巴文化遗址，构成了历史上的古蜀文化。其中，三星堆遗址是最具代表性的古蜀文化遗址。但至今考古发掘尚未发现流传下来的古蜀国文字。

中国历史上曾出现过好几个"蜀国"，三国时期刘备建立的"蜀汉"政权，以及五代十国时期出现过的"前蜀"和"后蜀"。为了区分后世以蜀为国号的政权，一般称先秦时期的蜀国为古蜀国。

四五千年前，古蜀人一直过着打猎、捕鱼、种植和采集的生活。他们在获取食物的过程中发现，蚕蛹可以食用，蚕茧可以缫丝制衣。后来，他们将树林里的"野蚕"收集起来专门饲养，"野蚕"就成了"家蚕"。古蜀国的开创者——蚕丛，由于他一直教族人种桑养蚕，被族人奉为"蚕神""青衣神""祖先神"。

"蜀"字最早发现于商代的甲骨文中，较早见于西汉时期扬雄的《蜀王本纪》，直到东晋常璩的《华阳国志·蜀志》中才较详细地记载了关于蜀国的历史和传说。

东汉的许慎在《说文解字》中说："蜀，葵中蚕也。从虫，上目象蜀头形，中象其身蜎蜎。"这里的"葵"，就是桑叶；"蜎蜎（yuān）"，就是虫子爬行的样子。

传说中的古蜀王

　　唐代大诗人李白的《蜀道难》，描写了蜀地山川的壮美和道路的崎岖。诗中有这么一句"蚕丛及鱼凫，开国何茫然"，诗中的"蚕丛"和"鱼凫"是古蜀国最早的先王，他们与柏灌共同被称为古蜀国的开国三代先王。

扫码查看

AI地理导航　　听神树声纹
读青铜密码　　写古蜀奇旅

远古时代，西南的大部分民族是居住在古康青藏高原的古羌族支派，他们进入平原地区后，其中的一个分支来到了广袤的成都平原，被称为蜀山氏。后来，黄帝娶了蜀山氏的女子为妻，他们生下的儿子就是古蜀国的开创者——蚕丛。蚕丛教古蜀人种桑养蚕，做了很多有利于国计民生的好事，古蜀先人崇拜他，将其奉为"蚕神""青衣神""祖先神"。蚕丛死后"作石棺石椁"，老百姓仿效这种做法，当地把这种石棺椁称为"纵目人冢"。如今四川岷江地区的石棺葬就被认为是蚕丛时代葬俗的一种反映。

　　后来，古蜀族在与商朝的战斗中惨败，蚕丛战死。一部分族人便来到了今天的彭州地区安居下来。年轻有为的柏灌氏成了部族的第二任首领，王都疑似在宝墩古城。由于柏灌氏部落比较弱小，很快就被南边一个新兴的部落吞并了。

　　这个新兴的部落就是鱼凫氏，其生活范围大概在今天成都附近的马坝河畔。在鱼凫的带领下，古蜀人再次向东迁徙，最终在成都平原北面的广汉平原定居下来，并创建了灿烂的三星堆文化。在鱼凫执政时期，古蜀国逐渐发展强大，成为广汉平原上一个有实力的国家。古蜀国后来还参加了武王伐纣建立周朝的战争，并起到了非常重要的作用。

古蜀国的第四代王，名叫杜宇。杜宇是从云南朱提（shū shí）来到四川的，他与一位"江源"的女子结为夫妻，然后自立为蜀王。杜宇带领古蜀人进行农耕生产，继续养蚕纺丝，让古蜀国人民过上了富裕的生活。杜宇深受民众的拥护和爱戴，被后人称为"农业之神"。

杜宇执政时期，古蜀国发生了一次很大的洪水。一个叫鳖灵的人因治水有功，杜宇便效仿尧舜禹禅让，将王位传给了他。鳖灵成了第五代蜀王，由此进入了"开明王朝"时期。开明王朝一共经历了12世（一说传11世），300余年。公元前316年，秦国的张仪和司马错带兵进攻巴国、蜀国，蜀王战败被杀，古蜀国灭亡，史称"秦灭巴蜀"。

蚕丛的长相非常特别，眼睛硕大，向前突出，所以又被称为"纵目人"。蚕丛死后，古蜀人以石棺、石椁安葬他，称为"纵目人冢"。

古蜀人生活

3000年前的成都平原，气候温和，河流密布，土地肥沃，百谷丰收，非常适合农业生产。古蜀国的先民们以家族为单位生活在这一片沃土上。尽管这个时期他们时常受到洪水的侵扰，但依然过着相对闲适幸福的生活。

西南黑水之间，有都广之野，后稷葬焉。爰有膏菽、膏稻、膏黍、膏稷，百谷自生，冬夏播琴（种），鸾鸟自歌，凤鸟自舞，灵寿实华，草木所聚，爰有百兽，相群爰处。

——《山海经·海内经》

水稻最早种植于长江中下游流域。三星堆水稻的考古发现，也充分证明了中华文明是多元一体的，早在3000多年前，三星堆就和中原地区、长江中下游地区有着密切的联系。

他们日出而作，日落而息，以种植水稻为主，还培育了粟和薏米等农作物。他们驯服了鸡、狗、猪等家禽和家畜，并将其作为主要的食物来源。他们种桑养蚕，制陶酿酒。喜欢歌舞的古蜀人，还经常通过祭神祭祖的歌舞活动来娱乐，一些爱美的先人，甚至还将象牙雕琢成了手镯。

考古学家在生活区发现了多个"宴飨坑"。这个灰坑堆满了各种陶制饮器、食器，显然就是古蜀先民们举行聚餐仪式的地方。

考古学家在墓葬区发现了象牙雕琢的手镯和3枚古核桃，它们分别放于不同墓穴骸骨的手边和脚边，核桃的表面还有一层包浆皮壳，这显然是一件盘玩的物件。

考古学家在生活区发现了多处已经炭化的水稻、黍、粟、薏米、苍耳等植物的种子。

面容奇特的三星堆人

　　三星堆遗址还出土了很多造型奇特的青铜头像和面具。它们阔眉大耳，双眼斜长，眼球外鼓，造型极度夸张，充满了神秘和诡异的气息。一种观点认为这些青铜头像和面具可能是用于祭祀仪式或宗教崇拜，代表着古代蜀国人民的信仰和精神追求。另一种观点认为它们可能是古代蜀国贵族的面具或装饰品，用以彰显他们的地位和身份。

　　也有人说，这些表情严肃，甚至有点木讷的青铜头像是按照当时蜀人的实际样子做出来

　　有学者根据三星堆遗址的考古发现分析，认为古蜀国的政权被分为两个主要部分：宗教和王权。青铜人像的不同发型代表了不同的社会阶层和职能。

的，所以"纵目"并不是个别人的特征，而是当时古蜀人普遍的体貌特征。这种体貌特征有可能与当时古蜀人的生活习惯有关，即饮食缺碘造成的一种"病态"表现。

出土于二号祭祀坑的青铜纵目面具，有大、中、小三件，它们造型奇特、面目怪异、铸造精良，其中最大的一个宽138厘米、高66厘米、厚度大约 0.5 厘米。这些青铜纵目面具很像传说中"千里眼、顺风耳"的造型，给人留下难以忘怀的印象。

一些学者认为，青铜大立人很可能是一个集神、巫、王于一体的领袖人物塑像。

古蜀人的崇拜和信仰

古蜀人相信天地万物有灵，神灵掌控着自然界和人类的命运。他们敬畏天地、崇拜英雄、感恩万物，积极崇拜神灵，以祈求得到保佑和庇护。

虔诚的古蜀人把太阳看作宇宙的中心和万物的根源，认定太阳是最高的神灵，山川与太阳相辅相成，共同维系着自然界的秩序与平衡。他们认为神鸟是连接天地的使者，代表着神圣的力量和智慧，神树被视为连接天地的桥梁，象征着生命的力量。他们为此创作了众多人与动物元素结合的神像、不同动物元素结合的神兽等祭拜物，以此表达他们对太阳、山神、自然力量和神圣秩序的尊重。

三星堆出土的"祭山图"玉边璋，通长54.2厘米、宽8.8厘米。青黑色，呈刀形。上面刻画的图案描绘的就是古蜀人在圣坛上举着牙璋祭祀天地山川的场面。

三星堆出土了多件青铜太阳形器，其中最大的一件直径约85厘米，被称为青铜太阳轮。太阳轮的中间位置和每道光线处都有一个圆形的小孔，显得尤为神秘。

在原始社会时期，由于生产力水平低下，人类对自然现象缺乏科学的理解，常常将一些动物视为自己的祖先或保护神，相信它们有超自然的力量，可以保护自己和整个部落，于是就形成了丰富多彩的神兽文化和自然崇拜。若是居住地山川绵延，他们便会去祭拜山神，祈求狩猎顺利；若是有河流海洋，他们便会去祭拜河神海神，祈求风平浪静，出海平安。

通天神树

古人常常把对神灵的崇拜寄托在一些现实的物体上，比如高山和大树。他们认为传说中神树的高大枝蔓可以连接天地，人们可以通过神树，将自己的愿望传达给神灵，而天上的神灵也可以通过神树来往于天地间。

三星堆遗址出土的青铜神树，其中最大的一棵，高近4米，共3层，9个枝头，枝上结有花果，每个枝头上还栖息着一只栩栩如生的鸟，仿佛随时准备展翅高飞。更令人惊叹的是，树座上还铸有一条神龙。这条龙游动的身体与树干连在一起，恰似神龙天降。整棵青铜神树雄浑大气，造型精妙绝伦，浑身闪耀着古蜀国先民的智慧。

四川地区还出土过一种挂满铜钱的树形随葬物，俗称"摇钱树"。摇钱树与三星堆神树，都是以树、神结合为主要构成因素，都有通神、通天的寓意。

另一棵神树高约2米，座为山形，座顶连接树身。山形座象征古蜀巫教文化观念中的神山，即古蜀人的祖庭圣地——岷山，意在表明神树是神巫往返天上人间的"天梯"。

传说在东方的大海中，生长着一棵巨大的扶桑树，树上住着十只金乌（太阳），每天一只轮流飞起，给大地带来光明；在西方的高山上也长着一棵叫若木的大树，金乌晚上就飞到若木歇息；天地的中央则长着一棵建木，是人和天上的神灵交流的地方，这与三星堆的青铜神树不谋而合。所以人们普遍认为三星堆出土的青铜神树，很可能就是《山海经》中记载的神树。

扫码查看

◎ AI地理导航
◎ 听神树声纹
◎ 读青铜密码
◎ 写古蜀奇旅

至高无上的大祭司

　　三星堆遗址出土的青铜大立人像身高180厘米，加基座通高260.8厘米，重约180千克，"他"头戴花冠，身披法带，脚戴镯子，气度威严地站立在方形怪兽座之上。

　　在古人眼里，祭司是人与神之间的使者，具有沟通上天的本领。考古学家认为，

青铜大立人就是集神、巫、王三种身份于一体的最具权威性的领袖，拥有至高无上的权力。

青铜大立人像是现存最高的青铜立人像，被誉为"世界铜像之王"。

青铜大立人像身穿三层华服，最外一层是左衽燕尾长袍，袍上绣有繁复精丽以龙纹为主的纹饰，其制作之精美细腻，迄今为止，在夏商周考古史上绝无仅有。

青铜大立人像在出土的时候，是被腰斩成两截埋入坑中的。"他"遭遇了何种变故，至今仍是一个谜。

盛大的祭祀活动

在古代，每逢重要的节日，或是到了春耕秋收的时候，戴着面具的古蜀人在手拿青铜或玉石神器的大祭司的带领下，随着悠远的乐声，围绕着高耸的神坛，跳着神秘的舞蹈，他们或跪或拜，表达对神灵和祖先的敬意和崇拜。

祭祀活动通常在室外的祭台或高地上进行，古蜀人认为这样更接近上天，更方便沟通天地与人神。"神坛"分为坛座、坛面等几个部分。他们认为天、地、人三界是分层的，通过坛上的神山、神殿、神柱、神人、神兽等神圣之物，可以与神灵和列祖列宗进行交流。

四方形的祭台共有三层，分别代表着春、夏、秋、冬和天、地、人界。方形的祭台与下面圆形的广场相呼应，象征着"天圆地方"。

二号坑出土的青铜神坛，展示的是一场正在进行的盛大的祭祀活动。神坛的下层由两只地下怪兽共同承托着一个巨型圆圈，代表大地；中层由四个持物作法的巫师立人像支撑，代表人间；四位巫师头顶着的四座三角形神山，代表上天；山顶是一方形"神庙"，屋顶四方饰有人首鸟身的"图腾"和凤鸟，代表着天上的神界；"神庙"四周有20个跪祭人像，每面五人，双手抱拳持物，正在进行虔诚的祭祀活动。

顶坛铜人像表现的是"神人"正在施行法术，他俯身从基座上的"群山"中穿行而过。神人昂首挺胸，姿态舒展，身形优美。

顶坛铜人

青铜神坛

南方丝绸之路

　　在先秦时期，古蜀人便在一望无际的森林中探索出了最早的"南方丝绸之路"，它以成都平原为起点，经云南省，入缅甸，抵印度，直通南亚、中亚，也就是古称的"蜀身（yuān）毒道"。

　　古蜀国的商队穿过茂密的森林，越过险峻的江河，通过人力和牲畜驮运的方式，将古蜀国盛产的轻便、易携带的丝绸贩运至印度、缅甸及中亚地区，并换回青铜合金原料以及印度盛产的象牙，赚取中间巨大的差价，而来自印度洋的海贝便充当了货币的角色。

　　二号祭祀坑出土海贝约4600枚，成都金沙遗址出土的象牙数量更为庞大，总重量超过1吨。有学者认为，这些象牙是从印度地区引进的，大量来自印度洋的海贝，则充当了南方丝绸之路商品交换的媒介——货币。

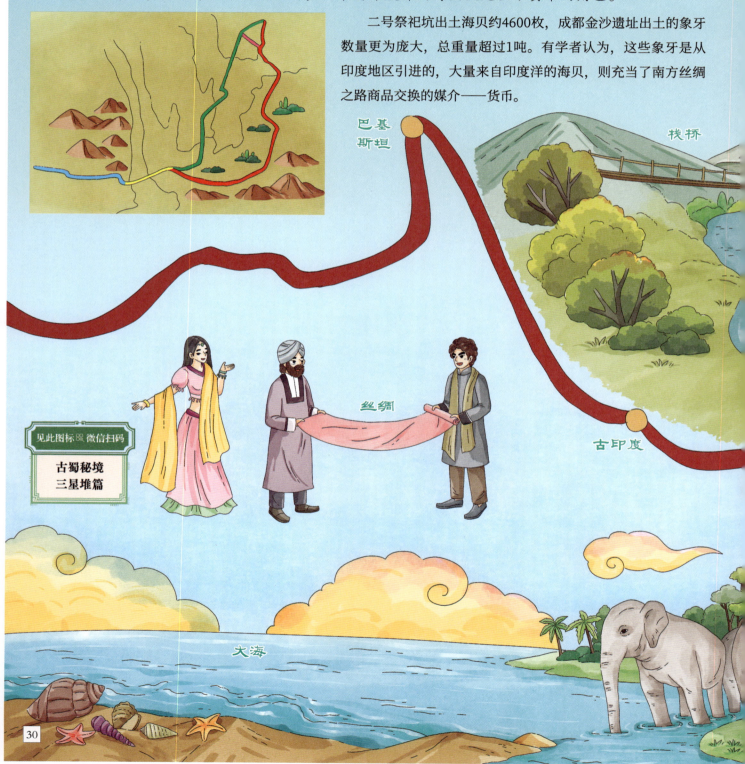

巴基斯坦

栈桥

丝绸

见此图标 📧 微信扫码

古蜀秘境
三星堆篇

古印度

大海

在长期的贸易过程中，古蜀人也较多地接触并吸纳了异域青铜文明中包括青铜雕像、黄金权杖、黄金面具等元素，并创造出了古蜀国独特而神秘的青铜文明。

据《史记》记载，张骞出使西域时，在大夏（今阿富汗）见到了产自中国蜀地的邛（qióng）竹杖与布料。经过询问得知，这些来自蜀地的货物是大夏人从古印度（身毒）买来的，而古印度的蜀物，则来自中国西南的成都地区。也就是说，汉地和大夏之间，除了张骞经西域凿空的丝绸之路外，还存在一条当时汉人所未知的经古印度的"身毒道"。

陶然生活

在遥远的古代，古蜀国先民通过刀耕火种，增加食物的种类和扩大种植的范围。他们在使用火的过程中发现，黏土在火中焙烧会变得坚固耐用，由此发明了制陶技术，并广泛应用于生活的方方面面。三星堆遗址出土的陶器数量大、种类多。

这些陶器包括碗、钵、盆、酒杯等日常生活器具及其他陶制品。它们造型丰富，别具特色，是古蜀国先民丰富的想象力和制陶技艺的生动呈现。它们历经千年，向我们缓缓展现了一幅古蜀国先民日常生活的美丽画卷。

其中，最引人注目的就是造型奇特的高柄豆、三足炊器和陶盉。高柄豆是古蜀国先民用来吃饭的主要容器，三足炊器是蒸煮食物的炊器，陶盉是古蜀国先民用来温酒的器皿。

高柄豆是一个造型奇特的餐具，一根中空的30厘米长的豆柄，连接着上部的豆盘和下部的喇叭形圈足，豆柄的高度非常适合三星堆人席地而坐，方便取食豆盘中的食物。

三星堆遗址出土陶器以高柄豆、小平底罐、鸟头形把勺为基本组合定式，其中还有瓶形杯，它是三星堆遗址出土的富有地方特色的器物。

陶罐　　　　陶盉

鸟头形把勺是将陶勺的柄做成鸟头造型。鸟头造型颇似鱼凫（一种叫鱼鹰的水鸟），考古学者据此推测鸟头形陶勺可能是用来祭祀古蜀王鱼凫的用具。

除此之外，三星堆遗址中还发掘出很多陶制的艺术品。这些艺术品大多由手工捏制而成，个个形态逼真、造型奇特。

在三星堆遗址多次的大规模发掘中，考古学家发现了数十万片古陶片。经过他们的不懈努力，目前已修复完成了700多件。

陶器因取材容易、可塑性强、制作简便、经久耐用，被广泛运用于古代生产生活的各个领域。三星堆遗址的考古发掘表明，古蜀人的制陶历史悠久，距今已有5000多年的历史。

三足炊器

高柄豆

鸟头形把勺

三星堆陶器作坊

　　古蜀人的日常生活中使用了大量的陶器，他们煮饭用三足镬（huò），热酒用三足盉（hé），吃饭用陶碗，盛食物用陶罐，吃喝用度，几乎都离不开陶器。古蜀人的制陶技艺纯熟高超，

准备原料
　　用黏土作为主要材料，这是制作陶器的基本原料。

掺料
　　在黏土中加入细砂、石灰和稻草末，可减少陶器在加热时开裂概率。

能够借助简易的机械陶轮进行加工，制陶工艺由简至繁，从手工制作发展到轮制。他们制作的陶器不但造型独特、结实耐用，而且富于装饰，十分生动。

见此图标 微信扫码　**古蜀秘境——三星堆篇**

焙烧
将干燥后的器物送进竖穴陶窑进行焙烧，形成坚固的陶器。

干燥
将半成品进行自然或人工干燥，以去除多余的水分。

塑形
将黏土加水混合均匀，通过捏塑、盘筑和陶轮，制成器物的泥胎。

装饰
在泥胎上刻划出各种装饰纹路，除了美观，还能起到加固陶器的作用。

玉璋　玉戈　玉斧

玉璧　玉琮　玉管

许慎在《说文解字》里说：
"玉，石之美者，有五德。"

镂石攻玉

　　中国人爱玉、用玉、赏玉，玉石文化源远流长。人们因相信玉具有祥瑞的灵性、神奇的功能，理所当然地选其为祭祀礼器的材料。古人认为玉吸天地之灵气，集日月之精华。玉能代表天地四方，以及世间帝王，是天地宇宙和人间祸福的主宰，在古人心目中具有崇高的地位。人们崇玉、尚玉，"君子比德于""君子无故，玉不离身"。

　　三星堆遗址出土了2000多件精美的玉石器。玉璋、玉璧、玉琮、玉戈、玉凿、玉斧、玉瑗、玉刀、玉环、玉珠……这些玉石器种类丰富、数量繁多、形式多样、美不胜收。它们与青铜器交相辉映，共同构成了三星堆文明及其文化艺术的最高成就。

　　这些制作精美的玉石器，大多出土于祭祀坑，它们都不是实用的器物，而是古蜀王国重要的祭祀用品，其中的玉璧、玉璋都是古代祭祀中最为重要的礼器，玉璧用来礼天，玉璋用来祭山。三星堆遗址二号祭祀坑出土的"祭山图"玉边璋是古蜀人祭祀天地山川，沟通神祇祖先的重要礼器，承载着以玉礼天和通神的思想。这与中华大地其他同时期遗址出土的玉器的使用功能一致。

三星堆玉石器作坊

　　三星堆玉石器的质地多为透闪石软玉，另有部分蛇纹石玉、汉白玉、透辉石玉等。玉石器制作运用了片切割、线切割、砣切割，以及凿、挖、琢、钻、磨、雕刻、镂孔、抛光、线描刻绘等一系列工艺技法。

　　三星堆遗址出土的大量玉石器成品、半成品、坯料、磨石等，反映出古蜀国已经拥有大规模的加工作坊和高水准的冶玉技术。

　　三星堆玉石器的制作过程，涉及多个步骤和复杂的工艺技术。

装饰技法

　　在璋、戈等器物上雕琢出繁复的齿牙饰和其他装饰元素。

打磨与抛光

　　打磨与抛光是制作过程中的关键步骤，古蜀人使用兽皮、磨石等工具进行反复碾磨，以达到表面光滑的效果。

钻孔与雕刻

　　钻孔技术包括实心钻和空心钻，这些步骤通常用于安装装饰或其他功能部件。雕刻则使用了各种工具和技术，如旋转的圆盘状工具或尖锐的石英工具。

切割与成型

　　使用多种方法进行玉料的切割和成型。古蜀人通常将蘸有石英砂的麻绳用水浸透，并用这样的麻绳来切割玉石原料。

古蜀国的玉石器多为就地取材，其原料来自成都平原附近的龙门山、玉垒山和岷山等地。鸭子河（雁江）的源头在龙门山，古蜀人从龙门山采下玉石原料，通过水路运输至三星堆北面的鸭子河玉石器作坊。

材料获取

　　三星堆的大部分玉石材料来自成都平原附近的龙门山。

挑选原石

　　根据玉石原料的颜色和质地，初步判断原料的品质。

金色灿然

中国是最早发现和使用黄金的国家之一。黄金制品在古蜀文化中拥有极高的地位，三星堆出土的金器多属权力的象征，通常作为盛大祭典的重器，在一些重要场合中使用。稀缺的金杖和金面罩，不仅代表着至高的权力和地位，还具有浓郁的神巫色彩。

三星堆一号祭祀坑出土的金杖全长 1.42 米，直径 2.3 厘米，重约 500 克，是已出土的中国同时期金器中体量最大的一件。金杖的一端是两背相对的鸟与鱼的图案，有人说这是鱼凫王朝的标志。也有学者认为，鱼能潜渊，鸟能飞天，金杖上的鱼鸟图象征着上天入地的功能，是蜀王借以通神的法器。

三星堆两个祭祀坑共出土了 50 多件青铜人头像，有王者形象，也有巫师和奴隶形象。其中有 4 件青铜人头像戴着金面罩，彰显着其身份的尊贵。经分析发现，它们是由金箔蒙在青铜人头像上，用生漆调和石灰粘上去，然后经过精确、细致的捶打制成。经过 4000 年的岁月变迁，它们居然没有剥蚀脱落，依然金光灿烂。

也有学者认为，这些戴着金面罩的青铜人头像就是传说中的古蜀国巫师。在远古时期，为了驱除恶鬼，消除瘟疫、灾难，巫师们经常会戴上面罩，通过独特的舞蹈来驱魔去邪。

考古学家们猜想，三星堆出土的金面罩只有古蜀国的贵族和国王才能佩戴，他们贴上金面，显示自己非同凡响，并拥有至高无上的权力。而那四件青铜人像，极有可能是当时最有权威的国王或大祭司的形象。

权杖是象征王权和皇权的用具，其地位等同于我国古代的玉玺。考古材料表明，古埃及和中国都发现了权杖，但中西方权杖的形状不同，材质不同。欧洲王国的国王所持的权杖，装饰华丽，常为金、银等贵金属所打造，镶嵌着宝石。中国发现的权杖主要作为部落首领的权力象征，其材质为木、金、青铜和玉石。

神器"失灵"了

　　一些学者推测，在古蜀国后期，一场严重的瘟疫笼罩了整个古城，大量的人畜无端死去，人们在神庙中虔诚地祭拜，可连至高无上的大祭司也无能为力，并不幸去世。一波接一波的死亡，让古蜀人开始对自己一直极度崇拜的神灵产生了严重的怀疑，认为这些神祇和神器已经"失灵"了，于是就将它们搬到祭祀区，举行了一次大规模的"燎祭"。古蜀人认为，通过"燎祭"就可以将这些神品送回天上和神界，从而得到天神和祖先的帮助，他们就可以消除眼前的灾难。

　　除了古蜀人，历史上也有很多部落会将"失灵"的神器丢弃或毁掉。

可是，灾祸并未结束，反而更加严重了。眼看着身边的亲人一个个离去，古蜀人一次又一次地将神器搬出来"燎祭"，但灾祸依然没有消除。最后，古蜀人彻底绝望了，他们愤怒地将神器和祭品破坏掉，最后连同神庙也一起烧毁了。

有学者认为，三星堆祭祀区集中、有序地掩埋大量祭祀品，是敌人入侵或内部动乱时进行的一次"善后行为"。

AI地理导航
听神树声纹
读青铜密码
写古蜀奇旅
扫码查看

古城的覆灭

　　曾经创造了灿烂青铜文明的三星堆古城，居然神秘地消失了。不论是古文献还是三星堆遗址中出土的文物，都无法给出合理的解释。对于三星堆古城的覆灭，考古界一直争议不断，但都停留在"猜想"阶段。

　　一种观点是一场突发的洪水，将古蜀国彻底淹没，但在三星堆遗址中，考古人员并没发现任何洪水侵袭的痕迹。另一种观点是古蜀国遭到侵略者的入侵，并被付之一炬。还有一种说法是三星堆政治中心转移到了成都的金沙，这一转移可能导致了三星堆文明的衰落。

　　那么，三星堆人到底去了哪里？古蜀国消失在历史长河的真正原因究竟是什么呢？有待小朋友们一起去解密。

三星堆未解之谜

三星堆遗址自1934年开始大规模挖掘以来，就一直牵动着世人的神经。在这里，考古学家们发现了众多令人瞩目的文物，其中不乏充满神秘色彩的青铜器、玉器、兽面具和太阳神鸟等，让人叹为观止。三星堆的文明究竟有何独特？它的神秘究竟源自何处？一个个未解之谜，激发了学术界和文化爱好者的极大兴趣。

起源之谜

关于三星堆的起源，学术界众说纷纭。有人认为三星堆与古埃及存在神秘联系。另有观点支持外星文明的说法，认为只有外星人才能创造出如此独特、发达的文明。更有观点指出，三星堆属于正宗的华夏体系，可能与古彝族渊源颇深。三星堆的真实起源，依然是个未解之谜。

青铜器之谜

三星堆出土的青铜器以其独特的造型和精湛的工艺而著称，一些器物仿佛是狮子、牛头、鱼尾等动物的形态，另一些则呈现出神秘的几何图案。尽管这些器物的制作工艺令人赞叹，但它们的真正用途仍然是一个未解之谜。

玉器之谜

三星堆遗址还出土了大量的玉器，包括璧、琮、圭等多种类型。这些玉器雕刻精细，材质上乘，不仅展示了古蜀文明高超的工艺水平，也透露出浓厚的神秘色彩。玉器的具体用途和象征意义至今未能确切解释。

兽面具之谜

兽面具是三星堆遗址中非常特殊且具有代表性的文物。这些以青铜制成的兽面具，让人联想到古代的祭祀仪式。然而，这些面具的制作目的和具体使用场合仍是未解之谜。

太阳神鸟之谜

太阳神鸟是三星堆遗址中最为神秘的文物之一。其独特的设计，如金鸟般的形态和华贵的宝冠，使其具有极高的艺术价值。太阳神鸟的发现不仅体现了古蜀人对鸟类的崇拜，可能还与古代祭祀仪式和天文系统有关，其含义和用途仍待深入研究。

文字之谜

在对三星堆的考古研究中，人们从未发现其文字体系。一个文明高度发达的社会竟然没有留下文字记载，他们是如何沟通交流的？这又该如何解释？尤其是三星堆与商朝存在文化交流，彼时的殷商有甲骨文，而三星堆却无此痕迹，似乎不太符合逻辑。

金杖之谜

三星堆的金杖象征着权力，让人不禁联想到埃及法老的权杖，似乎更具"西方风格"。一些学者指出，中国古代或许也曾有使用权杖的传统，良渚文化遗址出土过类似玉器。但三星堆的金权杖更为庄重、厚重，其象征含义至今未解。

铜像之谜

三星堆出土的青铜像造型独特，高鼻梁、斜视、宽耳孔，让人不禁猜测其是否与西方文明存在关联。或许这只是古蜀人、古彝族的夸张艺术风格？目前没有足够的证据支持这一论点。

象牙之谜

三星堆出土的大量象牙，引发了关于象牙来源的讨论。有人认为川蜀地区古时就有大象，但也有人认为这些象牙是通过贸易从印度、孟加拉等地引入的。古代的川蜀地区是否曾经生活着象群？抑或三星堆文明已拥有远距离贸易能力？尚无定论。

图书在版编目（CIP）数据

三星堆 / 姚青锋，李春青主编 ; 书香雅集绘.
长春：吉林科学技术出版社，2025. 4. --（少年中国地
理 / 姚青锋主编）. -- ISBN 978-7-5744-2010-6

Ⅰ. K878.214-49

中国国家版本馆CIP数据核字第2025NX0888号

少年中国地理
SHAONIAN ZHONGGUO DILI

三星堆
SANXINGDUI

主　　编　姚青锋　李春青
绘　　者　书香雅集
出 版 人　宛　霞
责任编辑　李思言
助理编辑　丑人荣
幅面尺寸　210 mm×285 mm
开　　本　16
印　　张　3
字　　数　38千字
印　　数　1～5000册
版　　次　2025年4月第1版
印　　次　2025年4月第1次印刷

出　　版　吉林科学技术出版社
发　　行　吉林科学技术出版社
地　　址　长春市福祉大路5788号出版大厦A座
邮　　编　130118
发行部电话/传真　0431-81629529　81629530　81629531
　　　　　　　　　　81629532　81629533　81629534
储运部电话　0431-86059116
编辑部电话　0431-81629516
印　　刷　武汉市卓源印务有限公司

书　　号　ISBN 978-7-5744-2010-6
定　　价　39.80元

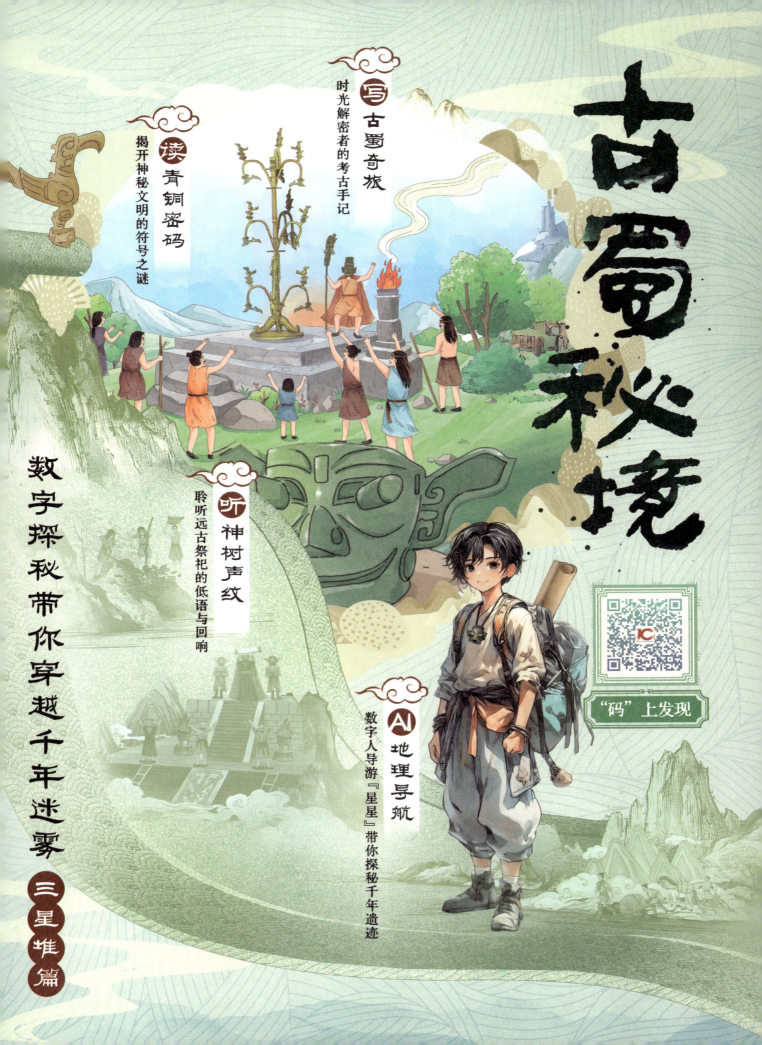

古蜀秘境

写 古蜀奇旅
时光解密者的考古手记

读 青铜密码
揭开神秘文明的符号之谜

听 神树声纹
聆听远古祭祀的低语与回响

AI 地理导航
数字人导游『星星』带你探秘千年遗迹

数字探秘带你穿越千年迷雾

三星堆篇

"码"上发现